BEI GRIN MACHT SICH IHR WISSEN BEZAHLT

- Wir veröffentlichen Ihre Hausarbeit,
  Bachelor- und Masterarbeit

- Ihr eigenes eBook und Buch -
  weltweit in allen wichtigen Shops

- Verdienen Sie an jedem Verkauf

Jetzt bei www.GRIN.com hochladen
und kostenlos publizieren

Decompiler - Der Stand der Technik im Jahr 2008

C. Pernsteiner
B. Engleder
H. Kreisel

Bibliografische Information der Deutschen Nationalbibliothek:

Die Deutsche Nationalbibliothek verzeichnet diese Publikation in der Deutschen Nationalbibliografie; detaillierte bibliografische Daten sind im Internet über http://dnb.d-nb.de abrufbar.

ISBN: 9783640512096
Dieses Buch ist auch als E-Book erhältlich.

Druck und Bindung: Books on Demand GmbH, Norderstedt Germany
Gedruckt auf säurefreiem Papier aus verantwortungsvollen Quellen

Das vorliegende Werk wurde sorgfältig erarbeitet. Dennoch übernehmen Autoren und Verlag für die Richtigkeit von Angaben, Hinweisen, Links und Ratschlägen sowie eventuelle Druckfehler keine Haftung.

Das Buch bei GRIN: https://www.grin.com/document/141455

Seminar WS 2007/08

Ausgewählte Kapitel des Software Engineering

durchgeführt am
Institut für Wirtschaftsinformatik – Software Engineering
der Johannes Kepler Universität Linz

Decompiler

T7

Bernhard Engleder
Holger Kreisel
Christoph Pernsteiner

Datum der Präsentation: 16.01.2008

Inhaltsverzeichnis

Abbildungsverzeichnis

Kurzfassung

Die nachfolgende Arbeit soll ein en Überblick über den aktuellen Stand der Technik zum Them a Decom piling geben. Dazu wird zunächst de r Begrif f Decom piling gegenüber ähnlichen Begriffen abgegrenzt.

Nach einem Überblick über die Gründe für Decom piling und rechtlich en Aspekten wird der Decompiling-Prozess näher dargestellt und in einzelne Phasen unterteilt. E s wird erklärt welche Vorteile diese Einteilung in einzelne Phasen mit sich bringt.

Zur praktischen Veranschau lichung werden gängige D ecompiler-Tools für aktuell relevante Sprachen wie z.b. Java oder .N ET vorgestellt. Die Ergebnisse dieser Too ls werden mit dem originalen Source Code verglichen um ein Indiz für die Qualität der Tools zu liefern.

Weiters werden vorhandene theoretische Probleme aufgezeigt, die beim Decompiling auftreten können. Ein Überblick über Techniken zum Schutz vor Decompiling rundet diese Arbeit ab.

Begriffsdefinitionen

Begriff	Erklärung
Bytecode	Zwischencode, der in der Regel m aschinenunabhängig und im Vergleich zum Quelltext und zu Maschinencode oft relativ kompakt ist
Condition Flag	Ein spezielles Register im Steuerwerk eines Mikroprozessors.
Decompiler	Ein Programm, das ein in Binärc ode geschriebenes Programm liest und es in eine High-Level Sprache übersetzt [Cifuentes 1994]
Dekompilat	Ergebnis eines Dekompilierungsvorgangs
Disassembling	Ein Programm, das ein in Binräc ode geschriebenes Programm in eine für Menschen lesbare Low-Level-Sprache übersetzt
High-Level-Sprache	Programmiersprache mit starker Abstraktion, angelehnt an natürliche Sprachen
Idiom	Semantisch interpretierter Ausd ruck von Bytes dessen Sinn nicht aus den jeweils einzelnen Bytes ersichtlich ist. [Cifuentes 1994]
Kompilat	Ergebnis eines Kompilierungsvorgangs
Low-Level-Sprache	Programmiersprache mit geringe r Abstraktion und schwerer Lesbarkeit
Reverse Engineering	Ein Prozess, der ein System analysiert, um seine Komponenten und ihre Beziehungen zu iden tifizieren. Ziel ist m eist, eine Abbildung des analysierten Systems zu schaffen.
Zwischencode	Code, der im Verlauf eines Üb ersetzungsprozesses auf einer Abstraktionsebene zwischen der höheren Ausgangssprache und der in der Regel maschinennahen Zielsprache generiert wird

Tabelle 1: Begriffsdefinitionen

1 Einleitung

In der folgenden Arbeit wird versucht   ein Überblick über den aktuellen Stand der
Technik zum Thema Decompiling zu geben.

Anfangs beschäftigt sich die Arbeit m it der Begriffsabgrenzung gegenüber Reverse
Engineering und Disas sembling. Weiters werden die G   ründe für Decom piling
behandelt und auf rechtliche Aspek te einge gangen, die beim Decom piling beachtet
werden müssen.

Im weiteren Verlauf der Arbeit wird der   Decompiling-Prozess in m ehrere Phasen
eingeteilt. Die Aufgaben dieser Phas en werden näher erläutert. Darüber hinaus wird
festgelegt welche Vorraussetzungen diese   Phasen haben bzw. welche Ergebnisse
diese liefern m   üssen. W eiters wird   begründet, warum es sinnvoll ist den
Decompiling-Prozess derar t zu gliede   rn. I m Anschluss werden verschied   ene
theoretische Problem e behandelt, die si   ch beim Decompiling Prozess ergeben
können.

Im nächste n Abschnitt dieser A   rbeit wird näher untersucht, wie sehr sic   h
verschiedene Codearten dazu eign en D ecompiling zu unterstützen. Darüber hinaus
werden verschiedene Möglichkeiten und T   ools vorgestellt, m it denen sich diese
Codearten dekompilieren lassen. Ein Vergleich des dekompilierten Source Codes mit
dem originalen Source Code gibt Aufschluss über die Qualität dieser Tools.

Zum Abschluss werden Fakt oren für erfolgreiches Decom piling besprochen und die
Möglichkeiten zum Schutz vor Decompiling beleuchtet.

2 Allgemeines

Der nachfolgende Abschnitt dient der   ausreichenden Definition des Begriffs
Decompiler und der Abgrenzun gegenüber Reverse Engineering und Disassem bling.
Weiters werden die Gründe für die Verwendung von Decompiling und rechtlich   e
Aspekte erläutert.

2.1 Begriffsdefinition Decompiler

Ein Decompiler ist ein Programm, das ein in Binärcode vorliegendes Programm liest
und es in ein äquivalentes, in einer Hi   gh-Level-Sprache gesc hriebenes Programm
übersetzt. Es wird also versucht, den Prozess eines Compilers umzudrehen.[1]

2.2 Abgrenzung zu Reverse Engineering / Disassembling:

Der Begriff Reverse Engineering stamm t ursprünglich aus dem Maschinenbau und
wurde in d ie Terminologie des Software Engineerings übern ommen. Nach [Elliot et
al. 1990 S. 13] ist Reverse Engineering ei   n Prozess, der das   betrachtete System
analysiert, um seine Komponenten und ih   re Beziehungen zu identifizieren. Zweck
dieses Prozesses ist es, für das analysiert e System neue Abbildungen des System s zu
schaffen, meist in and erer Form und auf höherer Abstrak tionsebene. Decom piling
stellt also eine von vielen Ausprägungen des Oberbegriffs Reverse Engineering dar.

Bei Disassem bling handelt sich ebenfalls um eine Anwendung von Reverse
Engineering. Auch hier dien   t ein in   Binärcode vorliegendes Programm al   s
"Ausgangspunkt". Ein Decom   piler erze ugt daraus High-Level-Code, beim
Disassembling hingegen wird der Code in   eine für Menschen l esbarere Assembl er-
sprache umgewandelt.

---

[1] vgl. [Cifuentes 1994]

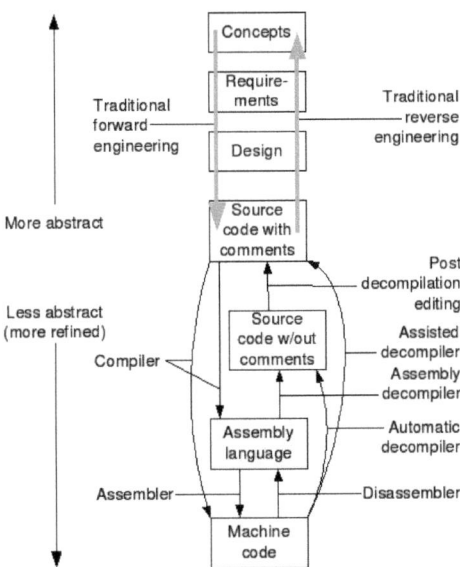

Abbildung 1: Forward/Reverse Engineering[2]

Wie in der vorangegangenen Abbildung gut ersichtlich ist, endet das Decompiling im Rahmen des Reverse E ngineerings dort, wo die Abstraktion der Architektur hoch wird.

2.3 Gründe für die Verwendung von Decompiling

Es gibt eine Vielzahl an Problem en i m So ftware-Bereich, wo es wichtig ist, den Source Code aus einem Kompilat wiederherzustellen. Beispiele dafür sind[3]:

- Wiederherstellen verlorenen Source Codes
- Bugfixing eines kompilierten Frameworks bzw. einer Applikation
- Migration einer Anwendung auf eine neue Hardware-Plattform
- Verbesserung der Dokumentation einer Anwendung
- Analyse von fremden Code (auch Viren und Schadprogramme)
- Testen von Compilern, besseres Verständnis für die Compiler-Vorgänge

---

[2] Quelle: [Van Emmerik 2003]

[3] vgl. [Van Emmerik 2003]

2.4 Rechtliche Aspekte (Legalität)[4]

Die Legalität von Decompiling und von Reverse Engineering im Allgemeinen ist ein in den letzten Jahren rechtlich heftig diskutiertes Thema.

Viele Unternehm en untersagen explizit in den Lizenzbedingungen kommerzielle Software zu dekompilieren, sei es auch nur zu Studienzwecken oder um die Software für den Eigengebrauch zu verändern. Solche Lizenzklauseln sind jedoch in vielen Ländern generell ungültig, da den Nutzern ei ner Sache gesetzlich das Recht zusteht, zur Überprüfung der Anwendungssicherheit oder zur Fehlerbehebung Reverse Engineering an einer erworbenen Software durchzuführen.

So ist es z. B. in Deuts chland e rlaubt, ein Prog ramm zu dekom pilieren, soweit d ies notwendig ist, um die „Interoperabilität" mit einem unabhängig vom ursprünglichen Programm geschaffenen Computerprogramm zu erhalten. L izenzvereinbarungen, die dem widersprechen, sind laut dem "Ges etz über Urheberrecht und verwandte Schutzrechte" nich tig. Oft mals dienen so lche Lizenzklaus eln eher dem Zweck der Abschreckung und sind somit als einseitige W illensäußerung bzw. je nach Form als prophylaktische, einseitig vorgetragene Rechtsauffassung zu verstehen, die bei unabhängiger rechtlicher Pr üfung möglicherw eise kein e Bestätigung und som it keinen weiteren Bestand haben wird.

Benutzt man das Ergebnis eines Reverse E ngineering-Vorgangs jedoch zum gewerblichen Nachbau, so wird m an sich m it der großen Menge der gewerblichen Schutzrechte (z. B. Plagiat) in ähnlicher Weise konfrontiert sehen. Häufig dient das Reverse Engineering der Produktpirate rie, wobei hier natürlic h nicht nur die Software-Branche betroffen ist.

Reverse Engineering von freien oder gar selb st verfassten P rogrammen ist natürlich in jeder Hinsicht gesetzeskonform.

---

[4] vgl. [Van Emmerik 2003]

3 Der Decompiling Prozess

Ein Decompiler charakterisiert sich, ähnlich einem Compiler, durch mehrere Phasen.
Diese werden schrittw eise durchlauf en und erzeugen, ausgehend von eine   m
Maschinencode, jeweils ein um gewandeltes Äquivalent des ursprünglichen Codes.
Das Ziel-Produkt ist letztendlich ist ein   Programm in High-Level-Sprache, welches
in seiner Funktion dem Quell-Programm entspricht.

3.1 Module

Die einzelnen Phasen eines Decompilers können in drei Module gruppiert werden: [5]

Frontend

Das Frontend beginnt den Dekom pilierungsvorgang, in dem es den Maschinencode
einliest. Es beinhaltet die syntaktische und semantische Analyse, die Z wischencode-
Erzeugung sowie die E rstellung eines Contro l Flow Graph. All diese Phasen sind
abhängig von jener Maschine, auf der der   ursprüngliche Maschinencode ausgeführt
wurde. Am Ende dieses Moduls liegt   eine Repräsentation des ursprünglichen
Programms in einer Low-Level-Zwischensprache sowie ein Control Flow Graph vor.

Universal Decompiling Machine (UDM)

Dieses Modul ist sowohl von der ursprüngl ichen Maschine als auch von der zukünf-
tigen High-Level-Sprache vollkom men unabhängig. Die D atenfluss- und Kontrollfluss-Analyse bilden das Herzstück de s Dekompilierungsvorganges. Aus dem vom
Frontend gelieferten Low-Level-Zw ischencode sowie dem Control Flow Graph wi rd
ein High-Level-Zwischencode erzeugt.

Backend

Das Backen d erzeugt schließ lich au s de m High-Level-Zwischencode einen Source
Code in der jeweiligen Zielsprache. Es ist also sprachenabhängig.

Theoretisch bietet dieser Aufbau des D ecompiling-Prozesses die Möglich keit, dur ch
neue Frontends und Backends Decom piler für viele Maschinen und viele verschiedene H igh-Level-Zielsprachen zu erze ugen. In der Praxis sind diese Möglichkeiten jedoch je nach Wahl der Zwischensprache verschieden stark limitiert.

---

[5] vgl. [Cifuentes 1994 S. 12f]

3.2 Phasen [6]

Wie erwähnt gliedert sich der Decompiling- Prozess in vers chiedene Phasen, welche Schritt für Schritt vom Decom   piler abge arbeitet werden. Sie sollen nun näher erläutert werden.

Syntax-Analyse

Ein Parser liest das Quell-Program m und gruppiert die Bytes zu Maschinencode-Phrasen. Solche Phrasen können als Syntaxba um dargestellt werden. Zum Beispiel: Der Ausdruck "sub cx , 50" entspricht semantisch dem Satz "cx := cx - 50".

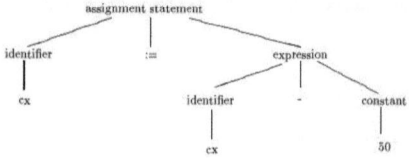

Abbildung 2: Beispiel für Syntaxbaum[7]

Die größte und gleichzeitig wohl auch schw ierigste Aufgabe der Syntaxanalyse ist die Trennung von Instruktionen und Daten im Maschinencode. Um alle Instruktionen korrekt filtern zu können, ist eine vollstä   ndige Menge dieser Anweis ungen in der vorhandenen Maschinensprache des Quell-Programms in Form einer Symbol-Tabelle notwendig.

Semantik-Analyse

Hier erfolgt die sem antische Prüfung der dur ch den Parser gelieferten Syntaxbäum e. Weiters wer den sogenan nte Idiom e analys iert und gespeichert. Ein Beispiel für die Erkennung eines Idioms: Ein in Binärcode vor liegender Wert wird um ein Bit nach links verschoben. Die Erkennung dieses Vorgan gs als Multiplikation des W ertes mit 2 ist Aufgabe der Sem antischen A nalyse. Es gibt noch viele we itere Beispiele für solche Idiom e. Für eine genauere Erklärung d es Begrif fs Idiom sei a uf Kapitel 4 .2 verwiesen.

Gesetzt dem Fall, dass der Maschinencode   durch einen funktionierenden Com piler erzeugt wurde, is t es sehr selten, dass in dies er Phase sem antische Fehler en tdeckt

---

[6] vgl. [Cifuentes 1994 S. 8ff]

[7] Quelle: [Cifuentes 1994 S. 8]

werden. Es können jedoch sehr wohl Fehl er auftreten, wenn das Programm auf einer

anderen Maschine ausgeführt wird, als für welche es konzipiert wurde. Ähnliche

Maschinen, die zwar auf derselben Architektur aufsetzen, unterscheiden sich z.b. in

der Anzahl der verwendeten Register und Instruktionen.

Zwischencode-Erzeugung

Nach der syntaktischen und se mantischen Analyse, wandelt ein Decompiler den

vorhandenen Maschinensprachen-Quellc ode in eine weiterverwendbare

Zwischensprache um. Das Ergebnis ist der sogenannte intermediate Code, in weiterer

Folge von der Universal Decompiling Machine (kurz: UDM) analysiert wird.[8]

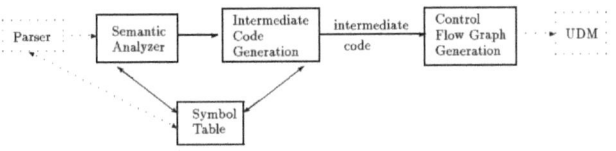

Abbildung 3: Zwischencode-Erzeugung[9]

Control Flow Graph Generation

Für die späteren Analy se-Phasen benötigt ein Decompiler auch einen Control Flow

Graph jede r Sub-Routine des Q uellprogramms. Dieser Graph ste llt eine Ar t

Ablaufplan für den intermediate Code dar.

"A control flow graph is a directed graph that repres ents the f low of control of a

program, thus, it only represents the instructions of such a program. The nodes of this

graph represent basic blocks of the progr am, and the edg es represen t the flow of

control between nodes."[10]

Optional kann dieser G raph schließlich auch noch optim iert werden, in dem z.B.

unnötige Verweise elim iniert und so Progr ammteile kürzer und schneller ausführbar

werden. Weiters wird für das Quellprogramm ein Call-Graph erstellt, der die Reihen-

folge des Aufrufs der einzelnen Sub-Routinen darstellt.

---

[8] vgl. [Cifuentes 1994 S. 67]

[9] Quelle: [Cifuentes 1994 S. 68]

[10] [Cifuentes 1994 S. 76]

Datenfluss-Analyse

In der Datenfluss-Analyse wird versucht, den bisher erzeugten Zwischencode weiter zu verarbeiten, um Elemente einer High-Level-Sprache identifizieren zu können. So werden z.B. tem poräre Registe r u nd Conditio n Flags im Lauf e dies er Analyse entfernt, da beides nicht Bestandteile von High-Level-Sprachen sind.

Somit wird in der Datenf luss-Analyse der ge lieferte Low-Level-Zwischencode in einen High-Level-Zwischencode umgewandelt:

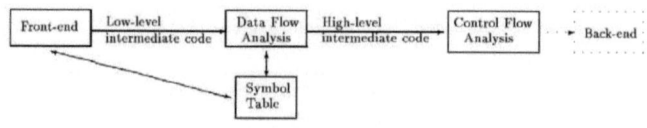

Abbildung 4: Datenfluss-Analyse[11]

Kontrollfluss-Analyse

Diese Phase dient dazu, die gelieferte n Kontrollfluss-Graphe n in Konstrukte von High-Level-Sprachen um zuwandeln. Die Menge an m öglichen Konstrukten m uss zumindest die üblichen Kontroll-Instruk tionen (z.B. S chleifen, If-Then-Else-Konstrukte) enthalten, sprachenspezifische Konstrukte sind jedoch nicht erlaubt.

Ergebnis dieser Phase ist ein strukturierter Control Flow Graph:

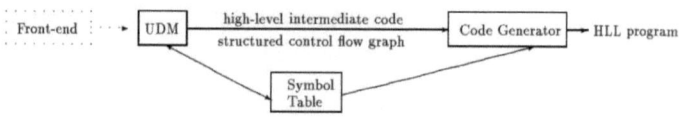

Abbildung 5: Kontrollfluss-Analyse[12]

Code-Erzeugung

Schlussendlich wird aus de m strukturierten Kontrollf luss-Graphen sowie dem High-Level-Zwischencode jeder Sub-Routine, Code in der gewünschten High-Level-Sprache erzeugt. Variablen- und Prozedu r-Namen werden autom atisch erzeug t und Kontroll-Instruktionen in Statements der jeweiligen Zielsprache übersetzt.

---

[11] Quelle: [Cifuentes 1994 S. 83]

[12] Quelle: [Cifuentes 1994 S. 163]

4 Probleme beim automatischen Decompiling

Durch das Halteprob lem und Idiom e sind dem autom atischen Deco mpiling vo n
Software gewisse Grenzen gesetzt. Dies e generellen Grenzen so llen in d iesem
Kapitel aufgezeigt werden.

4.1 Halteproblem

Ein grundsätzliches und theoretisch es Problem beim Them a Decom piling is t das
sogenannte Halteproblem. Zusa mmenfassend kann dieses Problem fol gendermaßen
beschrieben werden:

Der Versuch ein Programm zu schreiben, welches überprüft ob ein bestimm tes
Programm mit bestimmten Eingabeparametern terminiert ist nicht immer möglich. Es
wird näm lich genau dann ein W iderspruch erzeugt, wenn diesem Pr ogramm als
Eingabeprogramm und als Eingabeparameter das Programm selbst übergeben wird.

Die von Neum ann Architektur, welche in allen Intel 80x86 und Pentium CPUs zum
Einsatz kommt, unterscheidet im Maschi nencode nicht zwischen Daten und Code.
Die Verwendung der jeweiligen Bits ergibt sich aus dem Kontext des Programm-
ablaufs. Da ein Com piler norm alerweise gültigen Code erzeugt schafft dies beim
Ablauf des Programm s keine Prob leme, bei m Dekom pilieren können autom atische
Analyseprogramme allerdings Schw ierigkeiten bei der Zuordnung haben. In
manchen Fällen m uss der Benutzer des Decompilers also m anuell entscheiden,
welche Bytes als Code, und welche Bytes als Daten zu verwenden sind.[13]

"...this problem is equivalent to the halti ng problem, as it is im possible to separate
data from instructions in a von Neum ann architecture that com putes both data
addresses and branch destination addresses at execution tim e. [...] The algorithm is
proved to be NP-Complete"[14]

[Cifuentes 1994] Entwickelte zwar heuris tische Methoden zur Separierung von Code
und Daten im Bitcode, da verschiedene Com piler allerdings verschiedene Ausprägungen von Bitcode erzeugen (etwa zum Er zeugen von case-Verzweigungen) m uss

---

[13] vgl. [Eriksson 2002 S. 11]

[14] vgl. [Cifuentes 1994 S. 47]

der verwendete Parser zuvor m anuell mit den entsprechenden Voreinstellungen versehen werden um auf den Bitcode angewandt werden zu können.[15]

4.2 Idiome

Ein weiteres Problem beim Decompiling si nd sogenannte Idiom e, welche Cristina Cifuentes wie folgt definiert:

"An idiom or idiomatic expression is a seque nce of instructions which form a logical entity, and which taken together have a meaning that cannot be derived by considering the primary meanings of the instructions."[16]

Ein Beispiel für ein Idiom ist die Multiplikation mit 2. Dies wird z.B. im Assem blercode nicht durch eine Multip likationsanweisung sondern durch Bitverschiebun g eines Registers nach links erreicht. Der Decompiler weiß nun nicht, ob m it dieser Bitverschiebung eine Multip likation ge meint ist, oder n icht. Die meisten dieser Idiome sind bekannt, und es lassen sich aufg rund des Kontexts Rückschlüsse darauf ziehen, welche Anweisung ursprünglich gem eint war. Dennoch verbleiben Restfälle in denen manuelles Eingreifen unabdingbar ist.

Gerade aufgrund dieser 2 Problem e, sind die E rgebnisse von heutigen Decom pilern beachtenswert. Diese werden im nächsten Kapitel näher untersucht und beschrieben.

---

[15] vgl. [Cifuentes 1994 S. 47ff]

[16] [Cifuentes 1994 S. 3]

5 Überblick über ausgewählte Decompiler

Die Auswahl einer bestimmten Programmiersprache für ein Software-Projekt ist stets mit daraus entstehenden Konsequenzen ve rbunden. Selbstverständlich wirkt sich diese Entscheidung auch auf die M öglichkeit aus, kompilierten Code w ieder in den ursprünglichen Quellcode umzuwandeln.

Im Folgenden soll ein Überblick über di e Möglichkeiten des Decompilings hinsichtlich verschiedenem ausführbaren Code geboten werden. Aus Gründen der Übersichtlichkeit wurde die Auswahl auf folgende C odearten beschränkt, die nach Meinung der Verfasser zum derzeitigen Zeitpunkt relevant und verbreitet sind:

- Maschinensprache
- Assembler
- Java Bytecode
- .NET Assembly, CIL
- Skriptsprachen Perl und PHP

Für dies e A uswahl sollen jeweils Besonde rheiten des Decom pilings u nd gängige Tools erörtert werden. Da eine Aufzähl ung von Codearten niem als vollständig sein kann, sind die folgenden Unterpunkte al s exem plarische Veranschaulichung zu verstehen.

5.1 Maschinensprache

Das Dekompilieren von Maschinensprache die direkt von einem Prozessor m it von Neumann Architektur abgearbeitet wird, wird in der wiss enschaftlichen Literatur wie eine Art Königsdisziplin be handelt. Die Problem atik, we lche auf das Halteproblem zurückgeführt werden kann, wurde im vorigen Kapitel näher erläutert. Entsprechend schwierig gestaltet sich das Dekom pilieren von Maschinensprache. Der Vorgang des Dekompilierens von M aschinencode, wird m it der Erzeugung von fliegenden Schweinen aus Ham burgern verglichen. In populären Newsgroups wird sogar behauptet, dass dies gänzlich unm öglich sei. In der Realität ist allerdings ein großer Teil de r existie renden P rogramme m ittels Heuristiken und m anuellem Eingreif ens dekompilierbar. [17]

---

[17] vgl. [Van Emmerik 2003]

Cristina Cif uentes leg te m it ihre r PhD-Thesis einen wich tigen Grund stein f ür die
wissenschaftliche Bearb eitung dieses The mengebietes und erstellt e gleichzeitig m it
dcc einen der ersten Maschinensprache   → C Decom piler auf wissen schaftlicher
Basis mit einem zugrundeliegenden mathematischen Modell. Das Hauptproblem liegt
im Überführen der M   aschinensprache in eine sem   antisch korrek t analysierte
Zwischensprache. Dies wird m ittels Heuristike n, ausgeklü gelten Algo rithmen und
menschlicher Kontrolle und Vervollständi gung gelöst. Der Zwischensprache-Code
kann anschließend, abhängig vom Backend   des Decom pilers, in eine High-Level
Programmiersprache wie C umgewandelt werden.[18]

5.2 Assembler Code

Assembler Code ist das Äquivalent   zum originären und von der Hardware-
Architektur abhängigen Maschinencode. Di e im Maschinencode rein durch Bits
repräsentierten Anweisungen und Daten   sind im As semblercode allerdings
(theoretisch) m enschenverständlich und al s solche erkennbar. Der Assem blercode
verfügt nicht über die einfach verständlic hen Konstrukte einer Hochsprache. Dem
Assembler fehlen beispielsweise Schl   eifenkonstrukte oder die Unterscheidung
zwischen Pointern und Daten.

Was den Assem blercode gegenüber dem reinen Maschinencode allerdings auszeich-
net, ist die bereits vorgenomm ene Trennung von Daten und Anweisungen sowie die
Möglichkeit von Kommentaren im Code.

[Cifuentes 1994] nutzt den Assemblercode   als Zwischensprache und Input der
Universal D ecompiling Machine. Auch für die Erzeugung von Delphi-Code aus
Maschinencode existieren kaum eigene Delphi-Decompiler. Auch hierfür wird zuerst
ein Disassembler genutzt, um   da nn das Di sassembly in Delphi zu übersetzen.
Assembler kann also als plattform abhängige Zwischensprache zwischen Maschinen-
sprache und Hochsprache verstanden werden.[19]

Das Decompiling von Asse   mblercode, auch Disassem bling genannt, ist daher
einfacher als das Deco mpiling von Maschi nencode Programmen. Allerdings ist es

---

[18] vgl. [Cifuentes 1994]

[19] vgl. [Van Emmerik 2004]

schwieriger Assem blercode zu de kompilieren als Prog ramme, die auf virtuelle n Maschinen ausgeführt werden. Der hauptsäch liche Unterschied zu Java oder .NET Bytecode is t, dass Assemblercode m it viel ein facheren Operato ren zurechtkomm en muss, was dazu führt, dass kom plexere An weisungen erst wieder sem antisch als solche erkannt werden m üssen um zu einer Entsprechung in H ochsprache übergeführt zu werden. Diese Problem atik wurde im vorigen Kapitel unter dem Punkt Idiome näher erläutert.[20]

Auf den nächsten Seiten soll nun da s Disassembling von W in 32 Programm en veranschaulicht werden.

---

[20] vgl. [Van Emmerik 2007]

Beispiel: Gegenüberstellung Assemblercode und C++ [21]

Das nachfolgende Beispiel soll die Arbeitsweise eines Disassemblers anhand eines in C++ implementierten Quicksort Algorithmus näher erläutern.

```cpp
Der folgende C++ Code wurde mit dem Microsoft Visual Studio 2005 cl.exe compiler
(Standardeinstellungen) kompiliert:
#include <iostream>

void quickSort(int numbers[], int array_size);
void q_sort(int numbers[], int left, int right);
int numbers[150];

using namespace std;

int main() {
  int i,n;
  cout<<"How many numbers you want to sort: ";
  cin>>n;
  cout<<"Enter "<<n<<" numbers.\n";
  for (i = 0; i<n; i++)
    cin>>numbers[i];
//perform quick sort on array
  q_sort(numbers,0,n-1);
  cout<<"Numbers are sorted\n";
  for (i = 0; i<n; i++)
    cout<<numbers[i]<<"   ";
  return(0);
}

// Function to sort
void q_sort(int numbers[], int left, int right) {
  int pivot, l_hold, r_hold;
  l_hold = left;
  r_hold = right;
  pivot = numbers[left];
  while (left < right) {
    while ((numbers[right] >= pivot) && (left < right))
      right--;
    if (left != right) {
      numbers[left] = numbers[right];
      left++;
    }
    while ((numbers[left] <= pivot) && (left < right))
      left++;
    if (left != right) {
      numbers[right] = numbers[left];
      right--;
    }
  }
  numbers[left] = pivot;
  pivot = left;
  left = l_hold;
  right = r_hold;
  if (left < pivot)
    q_sort(numbers, left, pivot-1);
  if (right > pivot)
    q_sort(numbers, pivot+1, right);
}
```

---

[21] Quelle: [Vishnu 2008]

Die daraus entstehende quicksort.exe Da tei w urde im Anschluss m it dem W in32-
Program Disassem bler von Sang Cho   [22] disassem bliert. Im Folgenden ist ein
Ausschnitt des Disassemblies zu sehen.

Die Ausgabe ist dreigeteilt:

- Links ist der Offset an Bytes vom   Programmstart eingetragen (der P rogram
  Entry Point liegt bei Offset 00001000).
- In der m ittleren Spa lte bef indet s ich der Inha lt de r Byte s (jeweils z wei
  Zeichen bilden den HEX-Code für ein Byte).
- Rechts befinden sich die daraus interpretierten Assembler-Triplets.

```
++++++++++++++++++ ASSEMBLY CODE LISTING ++++++++++++++++++
//********************* Start of Code in Object CODE **************
Program Entry Point = 0040B4BE (quicksort.exe File Offset:00001000)

=========
:00401000 55                        push ebp
:00401001 8BEC                      mov ebp, esp
:00401003 83EC08                    sub esp, 008
:00401006 68D0E14100                push 0041E1D0
                    (StringData)"How  many  numbers  you  want  to
sort: "
:0040100B 68104D4200                push 00424D10
:00401010 E86B260000                call 00403680
:00401015 83C408                    add esp, 008
:00401018 8D45FC                    lea eax, dword[ebp-04]
:0040101B 50                        push eax
:0040101C B9744C4200                mov ecx, 00424C74
:00401021 E8BA050000                call 004015E0
:00401026 68F4E14100                push 0041E1F4
                    (StringData)" numbers. <lf>"
:0040102B 8B4DFC                    mov ecx, dword[ebp-04]
:0040102E 51                        push ecx
:0040102F 6800E24100                push 0041E200
                    (StringData)"Enter "
:00401034 68104D4200                push 00424D10
:00401039 E842260000                call 00403680
:0040103E 83C408                    add esp, 008
:00401041 8BC8                      mov ecx, eax
:00401043 E8C8010000                call 00401210
:00401048 50                        push eax
:00401049 E832260000                call 00403680
:0040104E 83C408                    add esp, 008
:00401051 C745F800000000            mov dword[ebp-08], 00000000
:00401058 EB09                      jmp 00401063
---------
:0040105A 8B55F8                    mov edx, dword[ebp-08]
:0040105D 83C201                    add edx, 001
:00401060 8955F8                    mov dword[ebp-08], edx
---------
:00401063 8B45F8                    mov eax, dword[ebp-08]
:00401066 3B45FC                    cmp eax, dword[ebp-04]
:00401069 7D17                      jge 00401082
```

---

[22] [Cho 2003]

```
:0040106B 8B4DF8              mov ecx, dword[ebp-08]
:0040106E 8D148DA0494200      lea edx, dword[4*ecx+004249A0]
:00401075 52                  push edx
:00401076 B9744C4200          mov ecx, 00424C74
:0040107B E860050000          call 004015E0
:00401080 EBD8                jmp 0040105A
---------
:00401082 8B45FC              mov eax, dword[ebp-04]
:00401085 83E801              sub eax, 001
:00401088 50                  push eax
:00401089 6A00                push 000
:0040108B 68A0494200          push 004249A0
:00401090 E85B000000          call 004010F0
:00401095 83C40C              add esp, 00C
:00401098 6808E24100          push 0041E208
                  (StringData)"Numbers are sorted <lf>"
:0040109D 68104D4200          push 00424D10
:004010A2 E8D9250000          call 00403680
:004010A7 83C408              add esp, 008
:004010AA C745F800000000      mov dword[ebp-08], 00000000
:004010B1 EB09                jmp 004010BC
---------
```

[...]

Der Maschinencode zw ischen Offset 0 und Offset 1000 wurde vom   Disassem bler nicht disassem bliert. Hier befinden sich   wohl einige Inform ationen über den Typ dieser .exe-Datei, worauf der String "T his program cannot be run in DOS mode." (Bytes 0000004e bis 00000074) hinweist. Es zei   gt sich unter anderem, dass sehr viele Subroutinen und Zusatzinform ationen durch den Compiler in den Maschinen- code gepackt werden. Ein Screenshot des m   it de m HT Editor   [23] geöffneten Programms quicksort.exe zeigt den Beginn der .exe-Datei:

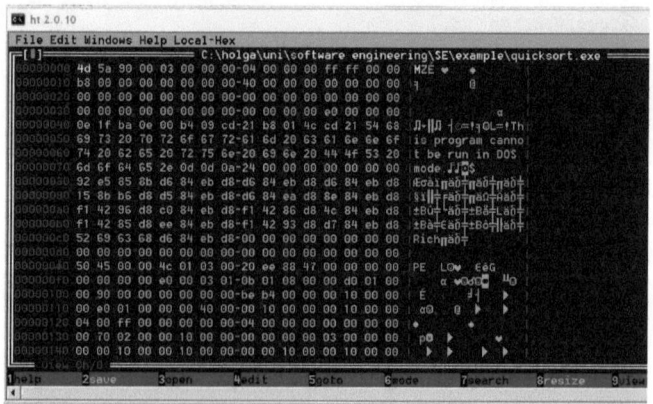

Abbildung 6: exe-Datei

---

[23] [HT 2008]

5.3 Java Bytecode

Java Bytecode lässt sich generell sehr unkompliziert dekompilieren:

"As far as languages go, Java code is ex   ceptionally easy to decom pile due to the relative s implicity of the Java   virtua l machine (as com pared with a real microprocessor) and the fact th   at the   language's bytecode format is well documented."[24]

[Dyer 1997] führt gleich m ehrere Punkte an, warum Java als "Decom piler-friendly" bezeichnet werden kann:

- Da in einem   originalen Java-Quell code keine goto-Befehle von Program   - mierern eingebaut werden können, müsse n alle im Bytecode vorgefundenen goto Befehle in Hochsprachenkonstrukte umwandelbar sein.
- Die Auswahl an Kontrollstrukturen is t überschaubar. Die Art und W eise wie sie kompiliert werden ist relativ einheitlich.
- Die Java Co mpilertechnologie ist un ausgereift. Stark optim ierende Compiler die in Zukunft entwickelt werden könnten, würden den Code sehr viel stärker verändern als es herkömmliche Compiler tun.
- Es besteht ein großer semantischer Zusammenhang zwischen dem Java Quell-code und dem Java Bytecode.

Dem Dekompilat kom mt zugute, dass in Java   Class Files sehr viele Infor   mationen aus dem ursprünglichen Source Code gespeichert sind:

- Namen und Typen von Membervariablen einer Klasse
- Methodennamen
- Signaturen
- Zeilennummer des Quellcodes aus dem di e bestimmte Sektion einer Methode erzeugt wurde

Es können auch die Nam en lokaler Variablen enthalten sein, falls m it der -g Option des javac Com pilers ko mpiliert wurde. Im JDK wird darüb er hinau s ein funktions-fähiger Disassembler für Java Bytecode mitgeliefert: javap.[25]

---

[24] [Travis 2001]

[25] vgl. [Travis 2001]

Die voranstehenden Aussagen gelten allerdi ngs nur solange der Ja va By tecode au ch mit de m gä ngigsten Compiler, dem javac   Compiler von Sun erzeugt wurde. Java Bytecode kann beispielsweise auch von Compilern anderer Sprachen erzeugt werden, darunter Ada, ML, Eiffel und Schem e. De r Java Bytecode kann auch das Ergebnis einer Optimierung sein, an dem ein üblicher Java-Decompiler scheitern könnte.[26]

[Miecznikowski und Hendren S.9] führen we iter aus, dass d ie in Java zur Verfügung stehenden Sprachkonstrukte nicht einm al ausreichen um etwa alle Möglichkeiten der flexibleren Exception -Handling Me chanismen im Java Bytecode direkt repräsen- tieren zu können. Auch im   Be reich der Synchronisation von Multi-Thread- Anwendungen bietet der Java Bytecode Mög   lichkeiten, die in der Sprache Java in dieser Form nicht direkt ausdrückbar sind.

Dava, ein Java Bytecode Decom piler en twickelt von [Mieczni kowski und Hendren] beansprucht für sich, Java-Bytecod e dekom pilieren zu können, unabhängig davon aus welchem Compiler oder Optimierer dieser stammt.

Nachfolgend dient wieder das Quicksort-Beispiel zur Visualisierung.

Beispiel: Java Original Sourcecode vs. Java Decompiler Sourcecode

Als Ausgangsbasis für dieses Beispiel dient der folgende Java Code:

```
/**
 * This class tests the Quicksorter class
 */
public class QuicksorterTester {

    public static void main(String[] args) {
        // array mit Integer Werten zum Testen des Algorithmus
        int[] testArray = {0,7,2,5,2,6,4,2,3,10,33,53,8,34};

        Quicksorter s = new Quicksorter();
        s.sort(testArray);

        // Ausgabe des sortierten Arrays
        for(int i=0; i < testArray.length; i++){
         Sys      tem.out.println(testArray[i]);
         }
    }
}
```

---

[26] vgl. [Miecznikowski und Hendren 2002 S. 2]

```
**
 * a class that implements the quicksort algorithm
 */
public class Quicksorter {

    private int[] a;
    private int n;

    public void sort(int[] a){
        this.a=a;
        n=a.length;
        quicksort(0, n-1);
    }

    private void quicksort (int lo, int hi){
        int i=lo, j=hi;
        int x=a[(lo+hi)/2];

        // Aufteilung
        while (i<=j) {
            while (a[i]<x) i++;
            while (a[j]>x) j--;
            if (i<=j){
                exchange(i, j);
                i++; j--;
            }
        }
        // Rekursion
        if (lo<j) quicksort(lo, j);
        if (i<hi) quicksort(i, hi);
    }

    private void exchange(int i, int j){
        int t=a[i];
        a[i]=a[j];
        a[j]=t;
    }
}
```

Dieser Cod e wird m it dem javac Com piler in Java Class Files um gewandelt. Nun wird der javap Disassembler benutzt um aus dem Java Bytecode ein Dissassembly zu erzeugen:

```
Compiled from "Quicksorter.java"
public class Quicksorter extends java.lang.Object
    SourceFile: "Quicksorter.java"
    minor version: 0
    major version: 50
    Constant pool:
const #1 = Method      #7.#24; //  java/lang/Object."<init>":()V
const #2 = Field       #6.#25; //  Quicksorter.a:[I
const #3 = Field       #6.#26; //  Quicksorter.n:I
const #4 = Method      #6.#27; //  Quicksorter.quicksort:(II)V
const #5 = Method      #6.#28; //  Quicksorter.exchange:(II)V
const #6 = class       #29;    //  Quicksorter
const #7 = class       #30;    //  java/lang/Object
const #8 = Asciz       a;
const #9 = Asciz       [I;
const #10 = Asciz      n;
const #11 = Asciz      I;
```

```
const #12 = Asciz       <init>;
const #13 = Asciz       ()V;
const #14 = Asciz       Code;
const #15 = Asciz       LineNumberTable;
const #16 = Asciz       sort;
const #17 = Asciz       ([I)V;
const #18 = Asciz       quicksort;
const #19 = Asciz       (II)V;
const #20 = Asciz       StackMapTable;
const #21 = Asciz       exchange;
const #22 = Asciz       SourceFile;
const #23 = Asciz       Quicksorter.java;
const #24 = NameAndType        #12:#13;//  "<init>":()V
const #25 = NameAndType        #8:#9;//  a:[I
const #26 = NameAndType        #10:#11;//  n:I
const #27 = NameAndType        #18:#19;//  quicksort:(II)V
const #28 = NameAndType        #21:#19;//  exchange:(II)V
const #29 = Asciz       Quicksorter;
const #30 = Asciz       java/lang/Object;

{
public Quicksorter();
  Code:
   Stack=1, Locals=1, Args_size=1
   0:   aload_0
   1:   invokespecial  #1; //Method java/lang/Object."<init>":()V
   4:   return
  LineNumberTable:
   line 4: 0

public void sort(int[]);
  Code:
   Stack=4, Locals=2, Args_size=2
   0:   aload_0
   1:   aload_1
   2:   putfield       #2; //Field a:[I
   5:   aload_0
   6:   aload_1
   7:   arraylength
   8:   putfield       #3; //Field n:I
   11:  aload_0
   12:  iconst_0
   13:  aload_0
   14:  getfield       #3; //Field n:I
   17:  iconst_1
   18:  isub
   19:  invokespecial  #4; //Method quicksort:(II)V
   22:  return
  LineNumberTable:
   line 10: 0
   line 11: 5
   line 12: 11
   line 13: 22
}
```

Interessant ist, dass der Java Assembler Code signifikant kürzer ist, als der aus einem C++ Executable generierten Assembler Code im vorigen Kapitel. Dies liegt daran, dass Java Assembler Code verschiedene Sprachkonstrukte von traditionellem Assembler Code zusammenfasst.

Um lesbaren Java Source Code aus de m Java Class File zu erzeugen wurde der JAD Decompiler benutzt. In der nachfolgenden Gr afik ist der original Source Code dem dekompilierten Source Code gegenübergestellt:

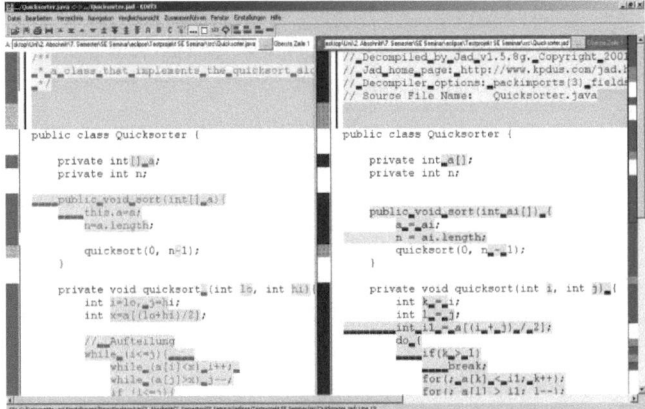

Abbildung 7: Vergleich Source Code vs. Dekompilat

Auf den ers ten Blick ist die Differenz der Source Codes sehr groß. Bei näherer Betrachtung offenbart sich aber, dass de r ursprüngliche Source Code 100% richtig wiederhergestellt wurde. Darüber hinaus wurden sogar Methodennam en erhalten und die richtige Einrückung gewählt. Lediglich einige einzelne lokale Variablen wurden umbenannt und einige while-Schleifen durch äquivalente do-while-Schleifen ersetzt.

Für den JAD Decom piler, gibt es auch ei n Eclipse-Plugin gibt , welches on-the-fly beim Öffnen eines Java Class Files den Source Code dekompiliert:

Abbildung 8: Eclipse Plugin JAD Decompiler

Dieses Plugin eignet sich hervorragend um beim Debuggen Klassen schrittweise abzuarbeiten, zu denen der originale Source Code nicht vorhanden ist.

5.4 .NET assembly, CIL Code

Da auch das .NET assembly wie der Java   Bytecode a uf ei ner vi rtuellen M aschine
ausgeführt wird is t er einf ach zu dekom pilieren: Zue rst muss die C IL (Comm on
Intermediate Language) wieder aus dem A ssembly gewonnen werden. Dieser Vorgang ist m ittels e ines H ilfsprogramms wie ILDASM (Teil des .NET Fram   eworks)
einfach und unkompliziert machbar.

Danach kann die CIL m it diversen, teilweise frei erhältlichen, Tools wie beispielsweise Reflector wieder in ein e High-Level Programmiersprache übergeführt werden.
Reflector b ietet etwa C#, Visual Basic ode r Delphi als Zielspr ache an. Auch hierb ei
bleiben Methoden-, Variablen- und Param eternamen erhalten sofern sie m it entsprechenden Kompilieroptionen Einzug in den Bytecode gefunden haben.[27]

Beispiel: C# quicksort Algoritmus[28]

```
// array of integers to hold values
private int[] a = new int[100];

// number of elements in array
private int x;

// Quick Sort Algorithm
public void sortArray() {
  q_sort( 0, x-1 );
}

public void q_sort( int left, int right ) {
  int pivot, l_hold, r_hold;

  l_hold = left;
  r_hold = right;
  pivot = a[left];

  while( left < right )
  {
    while( (a[right] >= pivot) && (left < right) )
    {
      right--;
    }

    if( left != right )
    {
      a[left] = a[right];
      left++;
    }
```

---

[27] vgl. [Mitchell 2004]

[28] Quelle: http://www.publicjoe.f9.co.uk/csharp/sort05.html (07.01.2008)

```
while( (a[left] <= pivot) && (left < right) )
{
  left++;
}

if( left != right )
{
  a[right] = a[left];
  right--;
}
}

a[left] = pivot;
pivot = left;
left = l_hold;
right = r_hold;

if( left < pivot )
{
  q_sort( left, pivot-1 );
}

if( right > pivot ) {
  q_sort( pivot+1, right );
}
}
```

Wie aus der nachfolgenden Abbildung ersich tlich, leistet der .NET Reflector sehr
gute Arbeit beim W iederherstellen des ur sprünglichen Source Codes. Klassen- und
Methodennamen werden ebenso wiederhe   rgestellt wie Met   hodensignaturen.
Lediglich lokale Variablen werden umbenannt.

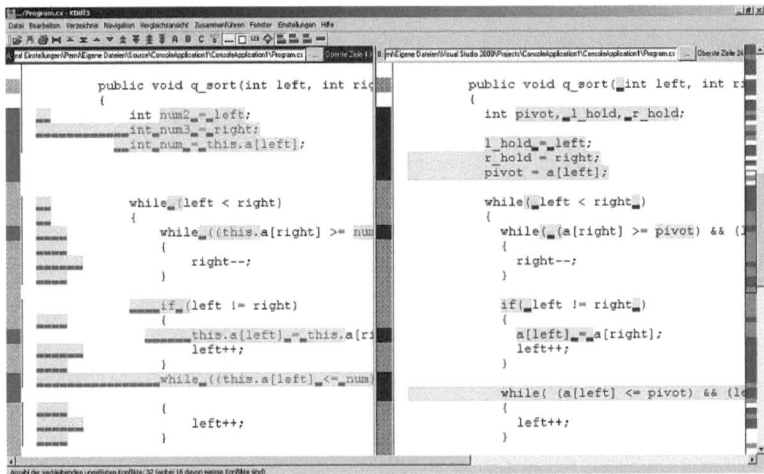

Abbildung 9: Vergleich .NET-Decompiling

5.5 Skriptsprachen Perl und PHP

Obwohl Skriptsprachen wie Perl oder PH P üblicherweise direkt von einem Interpreter ausgeführt werden, ohne zuvor ein Kom pilat zu erzeugen, gibt es auch bei diesen die Möglichkeit, kom pilierte Artefakte zu erzeugen. Ü ber Bestrebungen, diese Kompilate wiederum in entsprechenden Skript-Source Code zu überführen konnte keine nennenswerte Literatur gefunden werden.

[Moise und Wong 2006] verfolgen den Ansa tz, aus de m auch für geübte Program - mierer oft schwer verständlichen P erl-Code Facts zu ex trahieren. Hierzu m anipulierten sie e inen Perl-In terpreter, der a nstatt ein P erl-Skript auszuführen, dieses analysiert und, gemäß eines von ihnen definierten Schemas, strukturiert ausgibt.

"Certain scripting languages, such as Pe rl, are notoriously difficult to understand. Consequently, reverse engineering for Perl code is very much needed."[29]

Für PHP existieren ein ige Com piler-Projekte, d ie sich a llerdings teilweise noch im experimentellen Stadium befinde n. Da s Hauptaugenm erk liegt dabei auf Performancesteigerungen, Schutz proprietä rer Applikationen/Bibliotheken durch Verschlüsselung und dem Aus führen von PHP Skripts ohne Interpreter. [30] Es existieren Bestrebungen, diesen PHP Byte code wieder zu dekompilieren. Die momentan verfügbaren Tools wi e Derick's VLD zielen aber nur darauf ab, den Bytecode etwas lesbarer zu machen.[31]

Zusammenfassend lässt sich sagen, dass da s Decompiling von Skriptsprachen, so es überhaupt bereits Com piler für sie gibt , noch im Anfangsstadium steckt. W issenschaftlich ist es noch kaum behandelt. Ev entuell steckt in diesem Feld noch viel Potential für Weiterentwicklung und Forschung.

---

[29] [Moise und Wong 2006]

[30] vgl. [Bcompiler 2005]

[31] vgl. [Knowles 2006]

5.6 Parallelen und Folgerungen

Das Boomerang Decompiler Project bringt die Fragestellung nach dem Einfluss von Programmiersprachen auf das Decompiling in einer seiner Informationsseiten auf den Punkt:

„Does it m atter what language m y software is written in? Yes. If you are trying to recover Java or Visual Basi c source code you' re in luck. T here are m any Java and Visual Basic decom pilers, m any of which can give you excellent recovered source code in m inutes. … On the other hand, if you're trying to recover C/C++/asm or some other compiled language, you will require expert source recovery services." [32]

Es kann daher festgestellt werden, dass die Auswahl der Programmiersprache und die oft dam it zusamm enhängende Zie lsprache, in welche dies e kom piliert wird, sehr starke Auswirkungen darauf hat, wie aufwändig die W iederherstellung des Quellcodes ist.

Erfolgreiches Decom piling in de m Sinne, möglichst den ursprünglichen Quellcode wiederherzustellen hängt wesentlich da von ab, welche Inform ationen noch über den verlorenen Quellcode vorhanden sind. So kann ein C++ Kom pilat m it Debug-Einstellungen für ein Code-Recovery Proj ekt natürlich sehr wertvoll sein. Der Informationsbegriff sollte sich dabe i allerdings nicht nur au f die im Kompilat se lbst zu findenden Informationen beschränken.

Insbesondere folgende Ressourcen dürfen nicht außer Acht gelassen werden:[33]
- Dokumentation: Sequenzdiagramme, Klassendiagramme, Prosabeschreibungen etc. sofern diese mit der Version des Kompilats übereinstimmen.
- Aus de m ursprünglichen Code erzeugte Dokum entation (wie z.B. javaDoc-Dokumente).
- Wissen über sem antische Zusam menhänge im Original-Quellcode der ursprünglichen Entwickler.

---

[32] [Boomerang 2004]

[33] vgl. [Boomerang 2004]

6 Obfuscation: Schutz vor Decompiling

Da es nicht imm er gewollt ist, S ource Code m öglichst einf ach zu dekom pilieren, existieren sogenannte Obfu scators, die den zugrundeli egenden Source Code vor einem Decompiler schützen sollen.

Sie arbeiten zB mit den folgenden Techniken:

- Umbenennung und Verunstaltung von Variablen, Methoden und Klassen.
- Zusätzliche Codeoptim ierung welche de n Code unlesbar m achen soll, oder bestimmte Decompiler beim Parsen abstürzen lässt
- Verschlüsselung des Codes

Grundsätzlich herrscht hier ein W ettlauf zwischen Decom piler-Autoren und Obfuscator-Autoren. Je nach Technologie gewinnt das eine oder das andere Lager.

Problematisch ist bei Code Obfuscation folgendes zu sehen:

- Code kann dadurch unperformanter werden als vorher
- Dynmaischer Einsatz von Reflection im Code ist nur m ehr eingeschränkt möglich, wenn Variablen- und Klassennamen umbenannt werden.

Als Obfuscator der jeweils einfach de kompilierbaren Sprach en f ür virtuelle Maschinen sind folgende Quellen zu nennen:

- Java:
  http://directory.google.com/Top/Computers/Programming/Languages/Java/D evelopment_Tools/Obfuscators
- .Net: http://www.howtoselectguides.com/dotnet/obfuscators

7 Zusammenfassung

In der vorliegenden Arbeit wurde au fgezeigt, was Decom piling im Allgem einen ist.
Der Begriff „Decom piler" wurde defini ert und zu den Begriffen „Reverse
Engineering" und „Disassem bling" abgegren zt, m it welchen er in der Praxis des
Öfteren ver wechselt wird. W eiters wurde k urz auf d ie re chtliche Situ ation
eingegangen.

In der Folge wurde gezeigt, wie der Deco mpiling-Prozess im Genauen funktioniert.
Es werden, unterteilt in 3 Module, verschiedene Phasen durchlaufen, um   ein in
Binärcode vorliegendes Programm i n eine n äquivalenten C ode einer High-Level-
Sprache zu übersetzen.

Der praktische Teil der Arbeit hat gezeig t, welche Codearten sich bes ser für das
Dekompilieren eignen und wo die Limitierungen aktueller Techniken sind.

Für die Zuk unft bleibt abzuwarten wie sich d er Wettlauf Decompiler vs. Obfuscator
weiterentwickeln wird.

Literaturverzeichnis

[Bcompiler 2005] php.net: PHP bytecode com piler, http://at2.php.net/bcompiler, 2008

[Boomerang 2004] The Boom erang Decom piler Project: Help! I' ve lost my source code, http://boomerang.sourceforge.net/lostsource.php, 2004

[Cho 2003] S. Cho: Win32 Program Disassembler, http://www.geocities.com/~sangcho/disasm.html, Com puter & Inform ation Engineering Department CheongJu University, South Korea, 2003

[Cifuentes 1994] C. Cifuentes: Reverse Compilation Techniques; PhD Dissertation, School of Computing Science, Queensland University of Technology, 1994

[Dyer 1997] D. Dyer: Java decom pilers com pared; JavaWorld.com, http://www.javaworld.com/javaworld/jw-07-1997/jw-07-decompilers.html?page=1, 1997

[Elliot et al. 1990] Elliot J. Chikofsky and James H. Cross II: Revers e Engineering and Design Recovery: A Taxonomy, IEEE Software, vol. 7, 1990

[Eriksson 2002] D. Eriksson: Designing an object-oriented decom piler; Master Thesis, Departm ent of Software Engin eering and Computer Scien ce, Bleking e Institute of Technology, 2002

[Knowles 2006] A. Knowles: R ecovering encoded php files, http://www.akbkhome.com/blog.php/View/117/Recovering_encoded_php_files.html, 2006

[Miecznikowski und Hendren 2002] J. Mie cznikowski und L. Hendren: Decompiling Java Bytecode: Problem s, Traps and Pitf alls, Sable Research Group, School of Computer Science, McGill University, 2002

[Mitchell 2004] S. Mitc hell: Decompiling .NET Assem blies, 4GyusFromRolla.com, http://aspnet.4guysfromrolla.com/articles/080404-1.aspx, 2004

[Moise und W ong 2006] D. L. Moise und K.   W ong: Extracting Facts from   Per l
Code, Department of Computing Science University of Alberta, Canada, 2006

[Travis 2001] G. Travis: How to lock down your Java code (or open someone else' s);
IBM developerWorks > Java Technology,
http://www.ibm.com/developerworks/java/library/j-obfus/?loc=crtheme, 2001

[Van Emme rik 2003] M. van Emm erik: Is Decom pilation Possible?; The Program
Transformation Wiki,
http://www.program-transformation.org/Transform/DecompilationPossible, 2003

[Van Emmerik 2004]   M. van Emm   erik: Delphi Decom   pilers; T he Program
Transformation Wiki,
http://www.program-transformation.org/Transform/DelphiDecompilers, 2004

[Van Emmerik 2007] M. van Emmerik: Assembly Decom pilers; The Program
Transformation Wiki,
http://www.program-transformation.org/Transform/AssemblyDecompilers, 2004

[Vishnu 2008] A. Vishnu: program for quicksort,
http://arunmvishnu.siteburg.com/codes/QUICK.txt, 2008